# MÉMOIRE

SUR

## LES COLONIES FRANÇAISES DES ILES DE LA SOCIÉTÉ.

# MÉMOIRE

SUR

## LES COLONIES FRANÇAISES DES ILES DE LA SOCIÉTÉ,

ÉTABLISSANT,

**PAR DES FAITS** accompagnés de preuves légales,

1° Qu'il était possible, dans tous les temps, d'administrer le pays à l'état de paix, en réduisant considérablement les dépenses ;

2° Que rien n'est plus facile, en ce moment, que de réparer les maux qui se sont accomplis, et d'administrer Taïti et les îles environnantes au profit exclusif de la France, et, à la rigueur, sans y faire un centime de frais,

Par Aug. **LUCAS**,

RÉSIDANT FRANÇAIS A PAPEETE,

SUIVI

d'un **Dialogue** entre **Pomaré** et l'**Auteur**, d'un **Traité** de la **Reine** et de deux de ses lettres adressées au même.

---

Nous baserons nos preuves sur un fait vrai, incontestable et dont il serait facile de convaincre quiconque ne voudrait pas en convenir.

C'est que, la reine Pomaré est toute puissante dans ses États ; elle est entourée de prestiges superstitieux aussi indestructibles que les superstitions religieuses chez tous les peuples. Entre autres faits, les Indiens se figurent que leurs joues se détacheraient s'ils se servaient d'objets qui eussent appartenu à la reine. Les deux chefs Hitoti et Rateau sont morts, disent-ils, parce qu'ils ont déserté le parti de Pomaré pour se vendre à M. Bruat. Les sentiments dans lesquels elle se trouve, soit de joie, soit



**1848**

de tristesse, se communiquent au peuple dans toutes les îles, avec la rapidité de l'éclair. Les émotions qu'elle éprouve dans les affaires politiques surtout, sont électriques. Je pourrais citer des choses curieuses à ce sujet, si le cadre de cet écrit pouvait s'étendre à d'autres questions que celles dont il fait l'objet.

Quand l'amiral Dupetit-Thouars imposa le protectorat de la France à Taïti, il ne laissa, pour administrer l'île, qu'un gouvernement provisoire composé de trois membres. L'ex-consul comme commissaire du roi et deux officiers de marine.

Il y eut quelques troubles sous cette administration, dans les détails desquels il n'est guère possible d'entrer ici; je me borne à dire, en thèse générale, qu'il eût été très facile à nos autorités de les empêcher d'éclater : d'ailleurs, ces troubles se bornèrent à quelques protestations hostiles au protectorat de la France, et rien de plus.

Et la preuve que ces démonstrations provenaient des menées des Anglais et de leur manière de violenter les résolutions de la reine, c'est qu'elle m'écrivit après toutes ces manifestations produites par le commandant du navire anglais *le Talbot*, la lettre suivante :

TAÏTI, *le* 10 *Février* 1843.

Lucas,

Salut à toi !

« Voici ma parole à toi, va, et parle bien à Dupetit-Thouars, si non
« à Dupetit-Thouars va au loin parler au roi Louis-Philippe.

« Quant à ce qui regarde mon royaume, c'est moi qui suis la véritable
« reine sur ma terre.

« J'ai parlé avec tous les chefs et à mes employés, je leur ai dit de
« gouverner mon royaume et tous ceux qui y résident. J'ai convoqué
« une grande assemblée dans ma maison et je leur ai demandé leur
« avis : ils m'ont tous répondu : C'est toi qui es notre véritable reine.

« Je désire être l'amie du roi de France, l'amie de la reine d'Angleterre,
« l'amie de tous les rois des terres étrangères. Je ne veux point manquer
« aux lois ni aux traités avec les rois des terres étrangères.

« Je connais bien le nouveau traité de Dupetit-Thouars, j'ai écouté,
« moi (j'ai observé), les chefs et tout le peuple, ce traité.

« Je désire que notre conduite ici soit en harmonie avec les rois de
« toutes les terres étrangères pour le maintien de la paix.

« Fais bien attention àcette parole, telle est ma volonté, en l'écrivant.
« Fais-y bien attention, examine toi-même ce qui convient pour le bien.

« Voilà toute ma parole à toi.

« Salut à toi,

POMARÉ,<br>
VATA (Ministre),<br>
ROTEA (Secrétaire).

(Traduction faite par l'abbé Caret, Préfet apostolique de Taïti (1).

Pomaré voulait donc bien la paix, elle voulait que sa conduite fût en
harmonie avec celle des rois des terres étrangères : d'autres preuves con-
firment ses intentions, quand M. Mallet vint commander la station de
Taïti, et influencer et diriger le gouvernement provisoire contrairement
aux vues du consul. Cette administration fonctionna sans obstacle, et
quoique les hautes connaissances de cet officier supérieur soient incon-
testables, la bonne harmonie que sa présence produisit fut cependant
plutôt due à ses bons vouloirs qu'à sa capacité, et il fut jusqu'à anéantir
les menées du célèbre commodore Toop-Nicolas : il fit regagner à la
France la prépondérance que le gouvernement provisoire avait laissé
enlever par les Anglais depuis le départ de *la reine Blanche*.

Je me résume donc, et je dis que, pendant le gouvernement provisoire,
on aurait pu conserver la meilleure harmonie, et d'ailleurs la guerre n'é-
clata pas ; ainsi ma proposition se trouve vraie sous cette première administration. Je passe à la deuxième, dirigée par l'amiral Bruat.

L'administration provisoire dont il vient d'être question conserva le
pouvoir depuis le 16 septembre 1842 au 6 octobre 1843, époque à laquelle
commença celle de M. Bruat.

---

(1) Cette lettre est une protestation à la manière indienne, contre les Anglais qui avaient
voulu lui faire violer ses traités, et contre les membres du gouvernement provisoire qui
disaient qu'elle n'était plus reine, que Paraïta était le roi, etc.

Sans analyser les causes ni la marche des événements, nous passons aux faits.

La reine venait d'être déchue, ses propriétés furent confisquées au profit de l'État, et le gouverneur s'empara de sa maison pour s'y loger avec sa famille.

Dans cet état de choses, on pourrait supposer que nous étions menacés de la guerre, les auteurs de ces mesures sévères s'y attendaient sans doute, mais il n'en fut rien, et d'autant moins que Pomaré me chargea ou plutôt me pria, à deux reprises différentes, d'arranger ses affaires avec le gouverneur.

Elle mettait pour condition la destitution de l'ex-consul devenu directeur de la police indigène et de diminuer les pouvoirs de l'indien Paraïta qu'elle croyait plus élevé qu'elle. Ce Paraïta avait été élevé à la régence, *quoique la reine fût présente*, sur les démarches du consul en question qui s'en était fait un mannequin.

Je fis part des intentions de la reine au commandant Mallet, qui me répondit que ces deux personnages étaient trop bien classés dans l'esprit du Gouvernement en France et auprès de M. Bruat lui-même, pour songer à les sacrifier. Cet honorable officier ne crut donc pas pouvoir donner officiellement suite aux propositions de la reine; mais, comme il voyait le gouverneur tous les jours, il est impossible que ce dernier ignorât les bonnes dispositions de Pomaré.

La guerre aurait-elle éclaté en février 1844, si la reine s'était soumise à la prise de possession en décembre 1843? cela n'était ni probable ni possible, et l'on en serait bien mieux convaincu, si je pouvais entrer ici dans les détails des guerres et de leurs causes.

Ainsi, je puis déduire déjà que la guerre de février était facile à éviter par la soumission volontaire de la reine, et mieux encore, *en s'abstenant de se livrer à des arrestations nombreuses sans jugement ni confrontation*, et en évitant d'aller à la recherche et à la poursuite des hommes que le gouverneur forçait à se soulever et à s'armer contre lui.

Il est inutile de produire ici les preuves qui attestent que, depuis l'affaire de février, qui porte le nom de *Taravao*, jusqu'à celle de Mahaena, les Indiens nous laissèrent en paix; et pour ce dernier combat, c'est M. Bruat qui fut les attaquer dans leurs camps. On n'a, pour s'en convaincre, qu'à s'en référer à ses rapports du mois d'avril 1844.

Ainsi donc, encore la paix pendant ce laps de temps, s'il avait pu convenir à M. Bruat de ne pas attaquer les indigènes.

Je passe à l'affaire qui suivit celle de Mahaena, et qui eut lieu quarante jours après. (Celle de Hapape.)

Le gouverneur, dans les derniers jours de juin, me chargea de négocier la soumission de la reine : celle-ci se rendit immédiatement à mes avis, et je prévins M. Bruat, le 26, que Pomaré était prête à descendre du navire anglais et à se soumettre à la prise de possession de ses États par la France.

Le lendemain, 27, le peuple fut averti, par les agents de la police indigène française, que le gouverneur devait aller leur faire la guerre. Des émissaires insurgés furent envoyés près de moi et me firent part de la nouvelle. Je me rendis au Gouvernement en informer M. Bruat et le prier de me dire ce qu'il en était, lui faisant observer que ces bruits pourraient alarmer la reine, et lui faire ajourner sa résolution de se soumettre à lui.

Il m'assura qu'on lui prêtait des intentions fausses. J'insistai encore, en lui faisant remarquer que l'on m'avait assuré qu'il partirait le surlendemain, 29 juin, pour Hapape, avec quatre cents hommes et le bateau à vapeur, etc., etc. Il soutint le contraire, me garantissant que le bateau le *Phaeton* allait à Morea observer la conduite du bateau à vapeur anglais qui s'y trouvait ; il m'engagea à démentir ces bruits près des insurgés, ce que je fis avec confiance ; cependant, le surlendemain, à l'heure dite, il partit avec le nombre de troupes désigné pour le point indiqué, et il trouva les Indiens au lit, qui ne l'attendaient pas, grâce à mes avis.

A qui la faute, si la reine ne s'est pas soumise à cette nouvelle époque, et si l'affaire de Hapape eut lieu ? C'est ce qu'on peut voir par la lettre suivante et sa réponse :

*Lettre de M. Lucas à M. d'Aubigny, Commandant particulier des Iles de la Société, le lendemain de l'affaire de Hapape.*

Tahiti, le 30 Juin 1844.

« Monsieur le Commandant,

« La position critique dans laquelle vous venez de vous trouver et de

« sortir avec succès : la mienne, comme citoyen français, propriétaire et
« mandataire d'intérêts assez considérables, m'autorise, je crois, à
« vous présenter les réflexions suivantes, sinon comme officielles, du
« moins comme renseignements confidentiels, en acceptant, le cas
« échéant, la responsabilité des faits que j'avance dans toute leur éten-
« due.

« Je vous ferai remarquer d'abord, que j'ai prévenu M. le gouverneur-
« général que tous les Taïtiens étaient sous les armes au nord et au sud
« de l'île, parce qu'ils étaient avertis qu'il marcherait sur eux en divisant
« ses troupes en deux corps, l'un vers le nord, l'autre vers le sud.

« J'admets que ce fut une fausse alerte donnée aux naturels et que le
« gouverneur ne pensait pas alors à les attaquer ; mais rien ne m'assure
« que ceux qui faisaient courir ces faux bruits et armer la population,
« n'avaient pas dès-lors l'espoir de le porter à une expédition et de l'en-
« traîner dans le piége qui semble lui avoir été tendu..... L'émigration
« de l'île Morea eut lieu le vendredi ; le même jour, le gouverneur reçut
« une lettre de Taïti, qui le détermina à une marche au nord. (Un mot
« au sujet de cette lettre.)

« Je rencontrai l'estafette de Tati à six heures du matin, à *Faa*, il était
« à cheval. *La lettre n'a été remise au gouverneur qu'à une heure après-*
« *midi*, et dans la nuit du vendredi au samedi, le gouverneur partit pour
« la guerre.

« La veille, j'avais prévenu mon jardinier de quitter ma propriété de
« Faa dès qu'il saurait le gouverneur parti pour le nord, parce que les
« naturels devaient attaquer Papeete par le sud. *Je l'engageai même à*
« *coucher au camp de l'Uranie, ce qu'il fit.*

« *Je prévins le gouverneur le jeudi, que le Phaeton et lui partiraient*
« *pour la guerre le samedi ;* on m'a assuré qu'il n'en savait rien lui-même
« et je le crois ; mais qui sait encore si ceux qui faisaient circuler ces
« nouvelles n'étaient pas certains de le décider à une expédition à
« l'heure dite.

« Le retard de la remise de la lettre de Tati, le peu de foi que j'ajoute
« à cet écrit, toutes ces coïncidences avec les dangers que nous avons
« courus ci, et les avis que j'ai reçus d'avance : les milliers d'antécé-
« dents d'ailleurs qui me font suspecter les individus que j'accuse tout

« bas ( parce que je crains désobliger en accusant tout haut ), font que
« mes soupçons approchent beaucoup pour moi de la conviction. J'ai
« tous mes témoins, j'offre de les fournir à l'occasion. »

Réponse du commandant d'Aubigny à la lettre précédente.

PAPEETE, *le 1ᵉʳ Juillet 1844.*

MONSIEUR,

« Je ne puis que vous remercier du service que vous m'avez rendu
« aujourd'hui, car je me suis convaincu en détruisant les palissades que
« les Indiens, après avoir fait une décharge générale sur mes troupes,
« auraient disparu dans les buissons sans qu'il m'eût été possible de les
« joindre.

« Lorsque je vous ai rencontré ce matin, j'avais dans ma poche votre
« lettre du 30 juin, qui ne m'est parvenue que ce matin au moment où
« je me rendais chez le Gouverneur, je viens de la décacheter et de la
« lire à l'instant. *Ma position ne me permet pas d'y répondre, ni d'expri-*
« *mer mon opinion;* je ne puis, en terminant ma lettre, que vous en
« répéter la première phrase, je vous remercie.

« Recevez, Monsieur, l'assurance de la parfaite considération, avec
« laquelle j'ai l'honneur d'être votre très humble et très obéissant
« serviteur.

« *Le Commandant particulier des Iles de la Société,*
« SIGNÉ : D'AUBIGNY. »

D'après des faits de cette force, je crois pouvoir m'abstenir de signa-
ler les causes parfaitement identiques de toutes les petites affaires secon-
daires qui eurent lieu depuis l'affaire de *Hapape* jusqu'à celle de Punérou,
où nous perdîmes encore tant de monde et où le commandant de Brea
fut tué; nous fûmes constamment et partout les agresseurs. Nous
étions donc libres de vivre en paix avec les indigènes pendant cet autre
espace de temps.

Si l'on voulait de plus grandes preuves de la docilité et de la douceur
des Indiens, je vais en produire.

Après l'affaire de Papeete, M. d'Aubigny fut chargé du commandement d'une expédition vers le quartier de *Faa*. Ayant un bien de campagne dans ce quartier, je m'y trouvais avant l'arrivée de la colonne, et voyant que la position des Indiens était si menaçante et si redoutable contre nos troupes, je pris sur moi de les engager à la retraite, ce qu'ils firent immédiatement, et c'est ce qui me valut les remerciements exprimés dans le premier paragraphe de la lettre du commandant d'Aubigny, rapportée plus haut.

Quelques jours plus tard, les insurgés cernant la ville de très près et fatiguant les troupes forcées de demeurer sous les armes jours et nuits, le gouverneur me pria d'user de mon influence pour les faire éloigner ; je m'empressai d'expédier aux insurgés le chef *Maïe*, mari de la Reine de Huahine ( à qui j'avais fait faire la soumission quelques jours avant sur la prière de M. Bruat, qui désira l'avoir ), et sur mes avis, les insurgés furent s'établir à Hapape et à Punavia, à 9 milles de la ville.

Le gouverneur ne se contenta pas de cette démonstration, il m'exprima le désir d'avoir quelque chose d'écrit de la part des insurgés : j'y expédiai le même chef qui revint avec une lettre des camps indiens, dans laquelle ils annonçaient avoir l'intention de demeurer en paix. Les journaux de Papeete des 14 et 21 juillet relatèrent ces faits ; la lettre des insurgés est publiée dans le numéro du 21.

A cette époque, je me rendais dans les îles Pomotou ou de l'archipel dangereux pour y faire une opération commerciale. Le gouverneur me chargea de la pacification de ces îles, dont le peuple, très belliqueux, pouvait considérablement augmenter le nombre des combattants de Taïti. J'obtins de la capitale de ces îles, après deux assemblées du peuple, *la déclaration écrite* qu'elles reconnaissaient et se soumettraient à l'autorité française sous le protectorat de la France. Cette déclaration est du 25 juillet 1844, et mon rapport au gouvernement sur ma mission du 11 novembre même année.

En octobre 1846, après que toutes les violences furent épuisées contre les indigènes, sans les avoir soumis, M. Bruat, ayant appris son changement et sa promotion au grade de Contre-Amiral, songea enfin à couronner sa conquête par la soumission de la Reine et du peuple ; il employa près de Pomaré tous les Anglais qu'il crut en état de le servir, mais ce fut en vain, les Anglais avaient entièrement perdu sa confiance et elle se refusa même d'accéder à la prière du commandant de la frégate *Grampus*, qui fut exprès à Raiatea avec son bâtiment pour la décider à se rendre à Papeete; cette circonstance se trouve prouvée par la lettre qu'elle m'adressait en date du 30 octobre, insérée plus bas. (Voir page 8.)

Les affaires politiques étaient dans cet état désespérant, quand mes intérêts commerciaux m'appelèrent à Raiatea, résidence de Pomaré, en septembre et octobre 1846. C'était après que toutes les démarches anglaises et autres furent épuisées pour la soumettre, que j'arrivai près d'elle. Je la rencontrai dans un profond dégoût des Français, et surtout fort irritée des derniers événements qui venaient de désoler son île (1). Elle éprouvait l'éloignement le plus prononcé pour l'administration française, elle était d'ailleurs dans la situation d'esprit où serait toute personne persécutée, vivant sans cesse au milieu des ennemis de ses persécuteurs, sans que jamais une voix vînt s'élever pour justifier, ni même pour expliquer la conduite de ceux dont elle croyait avoir tant à se plaindre, et dont toutes les violences, au fait, semblaient si bien confirmer les griefs que leur reprochaient leurs détracteurs.

Quoique parfaitement étranger à l'administration, et n'ayant reçu mandat de personne de m'entretenir avec elle de ses affaires ni des intérêts de la France, ma qualité de Français seule m'a semblé devoir m'imposer l'obligation de défendre, auprès de Pomaré, la gloire et la dignité de notre pays, ainsi que celle de son Gouvernement, comme j'aurais cru de mon devoir de les défendre auprès de quiconque je les aurais rencontrés compromis. Bien convaincu que tous ces malheurs n'étaient dus qu'au défaut de s'être adressé à ces peuples, dans un langage à leur portée, j'étais certain qu'en leur parlant leur langue suivant leurs usages et leurs mœurs, ils ne manqueraient pas de se rendre à l'évidence de mes raisons, puisque j'en avais acquis la preuve tant de fois.

Ainsi donc, sans entreprendre la justification en tous points de la conduite de M. Bruat, chose impossible auprès de Pomaré, il m'a été facile pourtant de faire retomber sur les misérables, dont il s'est entouré

(1) L'affaire de Punéru, les nombreux abattis d'arbres fruitiers auxquels on travaillait encore.

et auquel il s'est attaché avec tant d'opiniâtreté, la plupart des calamités qu'il paraît avoir ordonné de son propre mouvement. Ses fautes, à elle Pomaré, étant en partie dues aux mêmes individus qui ont trompé le gouverneur, elle a pu se convaincre davantage de la force et de la sincérité de mes arguments, et elle s'y est rendue en effet.

Ayant triomphé des menées de nos ennemis et détruit l'impression causée sur elle, par nos propres fautes, je devenais naturellement l'intermédiaire obligé et indispensable entre elle et les agents français. Elle se livra à moi avec l'abandon d'une femme abreuvée de chagrins, tombée de déceptions en déceptions, et, comme elle le disait si ingénument: « *N'ayant plus personne ni pour la tromper, ni pour l'éclairer ?* » Dans cet état de choses, devais-je lui accorder ou lui refuser mon concours ? Le choix ne m'a pas paru douteux : il devait m'être aussi facultatif qu'aux Anglais, d'aider Pomaré de mes conseils; et je crois que la France n'y perdait rien.

L'entretien que j'eus avec elle mérite peut-être d'être rapporté en détail, il peut servir aux voyageurs et aux résidants qui auraient à traiter avec les peuples de l'Océanie, sans avoir le temps de les étudier. Ma conversation renferme, je ne dirai pas l'art, mais les raisons avec lesquelles on domine inévitablement les indigènes.

Nous ne nous sommes adressés à eux, je le répète encore, qu'avec le ton de la menace et l'appareil du châtiment que nous leur avons même trop souvent appliqué. Ce n'est pas ainsi qu'il fallait s'y prendre pour nous en faire admirer et aimer; quoi qu'en ait pu dire le journal *l'Océanie Française* dont les attributions étaient souvent de donner une tournure louable et utile aux actions les plus méchantes et les plus nuisibles.

Voici le dialogue qui eut lieu entre Pomaré et moi :

Demande. — Eh bien ! Pomaré, tu n'as donc plus envie de retourner parmi nous à Taïti?

Réponse. — Sous le protectorat de la France ? non, du tout ! Quel gouvernement! C'est un règne de guerres, d'incendies, de destructions! Les Français ont tout détruit nos propriétés, coupé nos arbres fruitiers, etc., etc., etc. ; et c'est à présent que tu voudrais que je retournasse parmi eux ? Non, je resterai dans le royaume de *Tamatoa* ( le roi de Raiatea )! Je désire être enterrée ici.

D. Mais tous les gouverneurs français n'aiment pas autant la guerre que M. Bruat.

R. Vois donc l'amiral Hamelin , que l'on m'avait dit être un homme si doux , il est venu à Taïti, il a prêté ses hommes au gouverneur pour aller attaquer mes gens.

D. L'amiral a fait cela malgré lui: le gouverneur lui aura dit : « Prêtez-« moi vos marins, je prendrai les camps et j'aurai la paix ! » Si M. Hamelin s'y était refusé, le gouverneur aurait pu écrire au roi : que si la paix n'était pas faite, l'amiral en était cause; il lui avait refusé son concours.

R. Cela peut être, je le crois.

D. Tu es donc bien fâchée contre le gouverneur ?

R. Oui, c'est un bien méchant homme, il a fait beaucoup de mal à Taïti ; il m'en a beaucoup fait à moi. Il s'est emparé de ma maison, de mes affaires, il a donné mes terres à mes ennemis, ma famille a été pillée, on l'a poursuivie pour l'arrêter. Je me suis sauvé aux Anglais , mes chefs ont été arrêtés et emprisonnés sans raison ni jugement, la petite fille de *Uata* a été arrêtée et emprisonnée, croyant que c'était la mienne ; quand j'ai été à bord du navire anglais, le gouverneur m'a envoyé M. de Carpegna me prévenir de ne plus descendre à terre, que je n'y avais ni terrain ni maison, et qu'il me ferait emprisonner si l'on m'y rencontrait. Depuis il court sans cesse faire la guerre à mon peuple, il brûle toutes les cases, il fait détruire tous les arbres, *il était venu pour nous protéger et non pour nous fusiller.* Le roi des Français ne l'avait pas chargé de cette mission.

D. Crois-tu qu'il n'ait pas été trompé et entraîné à ce qu'il a fait par de méchantes gens ? N'as-tu pas été trompée toi-même ?

R. Oh ! oui, bien trompée.

D. Et par qui ?

R. Par Pritchard, Moerenhout, mes chefs, et beaucoup d'autres individus.

D. Eh bien ! crois-tu que M. Moerenhout et tous tes chefs n'ont pas aussi trompé le gouverneur ?

R. Mais comment ?

D. Ils lui ont dit et se sont attachés à lui persuader que tu n'avais aucune influence sur ton peuple, qu'il n'obéissait qu'à eux, qu'il fallait te chasser, te retirer tes terres et les leur donner, ensuite continuer la guerre pour te retirer le désir de retourner à Taïti.

R. Tu as raison, *tu éclaires ma pensée !* Mais pourquoi l'amiral Dupetit-Thouars et le gouverneur les ont-ils écoutés ? c'était des paroles si méchantes et si mauvaises.

D. Pourquoi as-tu écouté MM. Pritchard et Moerenhout toi-même, leurs paroles ne valaient pas mieux.

R. Tu dis bien vrai.

D. Tu vois bien que le gouverneur est moins coupable que tu le croyais !

R. Oui, mais je ne voudrais pas me rendre à Taïti sous lui ni sous mes mauvais chefs.

D. Tu n'as peut-être pas réfléchi à tes intérêts ; tes mauvais chefs n'auraient aucun pouvoir sur toi, et en demeurant éloignée de Taïti, tu les laisses gouverner en rois à ta place ; ils sont enchantés de ton absence, c'est pourquoi ils t'ont fait persécuter ; ils désirent beaucoup que tu ne retournes plus dans tes états, ce sont eux qui gouvernent.

R. Mais sous le méchant Gouvernement du Protectorat je ne serai pas libre, je ne gouvernerai pas mon peuple, le pavillon seul nous fait peur.

D. Je ne te dis pas de te rendre sous ce Gouvernement ni sous le pavillon du protectorat ; mais si, par un bon traité, on te laissait ton pavillon et si l'on te permettait de régir ton peuple, si ce traité vous accordait la faculté de faire vos lois, de vous juger vous-mêmes, si les revenus annuels des indigènes, les amendes, les droits de justice, etc., etc., étaient perçus comme autrefois à ton profit, si l'on te laissait libre d'aller résider où il te plairait, ne serais-tu pas contente ?

R. Mais jamais on ne m'accordera cela, c'est plus que je n'ai souhaité dans aucun temps.

D. Pourquoi pas ? tu l'ignores, je crois le contraire.

R. Oh ! je le sais bien ; et que ferait alors le gouvernement français à Taïti ?

D. Il régirait les blancs, il serait pour eux ce que tu es pour les indigènes; il ferait les lois qui les concerne; il leur appliquerait la justice; il percevrait au profit de son administration toutes les charges imposées aux étrangers; il te protégerait contre les querelles que les autres Gouvernements voudraient te susciter.

R. Mais c'est trop bien tout cela, je serais trop heureuse, jamais M. Bruat ne me procurerait ce bonheur. Est-ce que le roi des Français ne m'accorderait pas un nouveau gouverneur? M. Mallet, par exemple, ou bien M. Lavaud (1), nous les aimons beaucoup.

D. Je ne sais si M. Bruat t'accorderait cela, je n'ai pas mission de te le proposer de sa part, et j'ai trop peu à m'en louer moi-même pour m'exposer à le lui en parler; mais puisque tu me demandes si le roi t'accorderait un autre gouverneur, je te dirai que je crois que oui; celui-ci a d'ailleurs fini son temps, pourquoi ne lui as-tu pas fait cette demande.

R. Mais tu sais bien que je n'ai plus personne ni pour m'éclairer ni pour me tromper! Veux-tu m'aider de tes conseils? ils m'ont toujours été agréables. J'écrirai au roi, tu traduiras mes lettres et tu les expédieras toi-même; nous allons aussi tous deux transcrire, avec mon secrétaire, les conditions dont tu viens de me parler, tu les adresseras également au roi des Français. Tu resteras à Taïti avec ta famille pour me guider, tu m'enseigneras ce qui sera bien de faire pour la paix et la bonne harmonie; quand le nouveau gouverneur sera rendu, tu n'iras pas en France, je n'ai que toi pour me guider.

D. Attends quelques jours, puisque l'on t'a annoncé un nouveau gouverneur; il est inutile d'en demander un au roi; dans tous les cas, je crois que le commandant Lavaud n'est plus en France; mais écris au commandant Mallet, fais lui connaître tes désirs, il en fera part lui-même au roi.

R. Eh bien! oui, je t'enverrai les lettres à Taïti, tu les traduiras et tu les expédieras.

Je ne voulus pas devenir l'intermédiaire direct entre le roi et elle, j'éludai la mission en l'adressant au commandant Mallet, et tout en me

(1) M. Lavaud gouverne Taïti, et ne s'entend pas plus avec la reine et le peuple que son prédécesseur, sans toutefois leur faire la guerre.

mettant hors de cause, je lui procurai le moyen de charger de ses intérêts l'officier français dans lequel elle avait le plus de confiance. Les personnages qui m'ont sollicité naguère de prendre part à leurs négociations,
et qui plus tard m'ont accusé de m'être mêlé de leurs affaires, auraient
jeté les hauts cris de me voir m'instituer l'intermédiaire entre le roi des
Français et la reine de Taïti.

Je me bornai donc à arrêter et à rédiger avec elle les conditions qui
me parurent le mieux convenir à la France et à elle-même pour être
présentées à un nouveau gouverneur. Elle m'en donna une copie
non signée, mais quand je retournai à Raiatea, en octobre, l'annonce du gouverneur se trouvant confirmée, sans cependant que son
nom nous fût connu, elle me donna une nouvelle copie de ses propositions, signées par elle et contre-signées par son secrétaire; je les transcris plus bas, page 15.

Dans cette conversation avec la reine, on peut remarquer les principes qu'il faut toujours observer avec les naturels pour s'en faire écouter,
et ils ne sont pas nombreux; je vais les énumérer et les définir.

1° C'est de les porter à raisonner eux-mêmes et leur faire croire que
les sentiments qu'on leur inspire viennent d'eux et non de nous;

2° Les entraîner à désirer et à demander ce que l'on a l'intention et
même le besoin de leur accorder; (1)

3° Ne pas combattre directement leur manière de voir, mais par de
bonnes raisons détournées les forcer à envisager les choses sous leur véritable point de vue;

4° Enfin, comme à tous les peuples, il faut leur parler le langage de leurs
intérêts.

Là, consiste toute la politique à employer envers les naturels de l'Océanie.
Avec cette clé bien maniée et une bonne réputation de justice et de sincérité dont il faut par-dessus tout ne jamais départir, on est sûr de
dominer les Indiens et de les conduire comme les enfants les plus
dociles.

(1) Quand on offre à un Indien un cadeau, par exemple, il l'accepte, mais avec défiance :
il pense que c'est en vue d'en obtenir quelque chose de meilleur, parce que tel est le sentiment qui les porte eux-mêmes à donner.

Si j'avais eu la prétention de vouloir imposer mes opinions à Pomaré au lieu de les lui inspirer; si j'avais voulu lui dicter des conditions et lui dire que la France serait très heureuse de les lui accorder ; si j'avais soutenu que le protectorat était une bonne chose, au lieu de reconnaître qu'il ne valait rien et lui faire convenir à elle-même que c'était le meilleur des gouvernements, après que je lui eus donné une bonne définition sous un autre nom et d'autres formes ; si j'avais soutenu que le gouverneur n'avait aucun tort, au lieu de convenir qu'il en avait beaucoup, et d'énumérer les raisons qui les réduisaient à rien ou à peu de chose, je n'aurais fait que réveiller les méfiances de la reine, elle m'eût caché ses pensées, elle n'eût même répondu à aucune de mes questions, et il est probable qu'elle se fût laissée massacrer à Raiatea plutôt que de retourner parmi nous et de vivre sous un gouvernement qui lui paraissait si épouvantable, tandis qu'elle changea immédiatement et complètement de sentiments et de projets. Avant mon départ de Raiatea, elle se montrait aussi impatiente de retourner à Taïti, qu'elle en était dégoûtée quand j'y arrivai. Les documents officiels que je vais transcrire ne laissent aucun doute sur ce que j'avance ici. Je vais commencer par ses propositions.

# LOIS

## SOUS LESQUELLES JE ME RENDRAIS A TAÏTI.

Article Premier. — Le gouverneur me rendra mon ancien pavillon sans la couronne; « le pavillon du protectorat disparaîtra. Quand les « navires de guerre viendront à Taïti, ils salueront le pavillon français : « lorsque j'irai rendre visite au commandant ou dîner à bord des navires « de l'État, ils salueront mon propre pavillon. (1)

Art. 2. — Mon peuple et moi jouirons de nos anciens priviléges.

Art. 3. — Nous procéderons nous-mêmes à la formation de nos lois; les blancs n'auront rien à y voir.

(1) Le passage guillemetté est une convention secrète verbale et non écrite.

Art. 4. — Nous jugerons nos indigènes nous-mêmes, les étrangers n'auront rien à y voir.

Art. 5. — Les charges imposées aux indigènes seront perçues à mon profit.

Art. 6. — Les frais de justice concernant les indigènes seront perçus à mon profit.

Art. 7. — Quant à toutes les terres accordées au gouvernement français pour y bâtir des édifices et des fortifications, voici comment seront affermées ces terres :

Pour le *Motu-uta*, la pointe du Phaëton et l'ancien carénage des navires, il me sera alloué cinq mille francs par an.

Art. 8. — Pour l'emplacement de la maison du gouverneur et de toutes les terres de derrière, cinq mille francs par an.

Art. 9. — Pour Paofaï et les terrains de l'Urani, cinq mille francs par an.

Art. 10. — Pour tous les autres emplacements consacrés aux fortifications, cinq mille francs de loyer par an.

## LOI II.

Voici quelles seront les attributions du Gouverneur français dans mon royaume.

Article Premier. — Il sera le gouverneur des étrangers.

Art. 2. — Il procédera à la formation des lois qui concernent les étrangers.

Art. 3. — Il leur appliquera la justice d'après les lois étrangères.

Art. 4. — Les contestations entre les Taïtiens et les étrangers seront soumises aux lois des étrangers, par des juges indigènes et des juges étrangers.

Art. 5. — Toutes les charges imposées aux étrangers seront perçues, au profit du Gouvernement français.

Art. 6. — Les frais de justice concernant les étrangers seront perçus au profit du Gouvernement français.

Art. 7. — En ce qui concerne les navires de guerre qui viendraient troubler Taïti, ce sera au gouverneur à s'opposer à ce qu'ils inquiètent mon Gouvernement. S'ils voulaient faire la guerre, qu'ils aillent se battre ailleurs. Il en sera de même de toutes les constestations avec les étrangers. (1)

## LOI III.

Voici une autre condition :

ARTICLE PREMIER. — Si je désire aller résider à Papaoa, à Punavia, à Papara, à Morea ou dans toute autre partie de mon royaume, j'en aurai la faculté.

ART. 2. — Si je désirais visiter les navires de guerre français, y dîner et faire saluer mon pavillon, j'en aurais la faculté.

ART. 3. — Si je désirais aller à Huahine, à Raiatea et à Borabora, visiter mes parents, le gouverneur voudra bien me procurer un navire à cet effet.

ART. 4. — Si le roi des Français désire rappeler en France le gouverneur et les autres fonctionnaires, et me laisser mon royaume, je le gouvernerai moi-même ; dans ce cas, il me cédera les édifices et les travaux faits sur mes terres ; il me les laissera entre les mains pour moi-même, mes enfants et leurs descendants.

ART. 5. — Si le gouverneur adhère à toutes ces conditions, mes désirs seront satisfaits, et je me rendrai à Taïti.

## LOI IV.

ARTICLE PREMIER. — Les missionnaires anglais dont nous avons depuis longtemps reçu la parole, continueront à résider dans mon royaume.

ART. 2. — Si les missionnaires français désirent résider dans mon royaume, ils en seront libres, et si quelqu'un de mon peuple voulait les écouter, ils en auraient la liberté.

ART. 3. — Tous les missionnaires anglais qui résideront dans mon

______

(1) Ces conventions assurent à la France tous les revenus du pays, les étrangers, c'est-à-dire les blancs, seront seuls imposables, se trouvant maîtres de l'agriculture, du commerce et de l'industrie. Les Indiens n'étant jamais qu'ouvriers seront exempts de charges et d'impôts.

royaume, ainsi que les missionnaires français, seront exempts de toutes charges ; ils exerceront librement leur profession, sans être passibles d'aucun impôt ni d'aucune charge.

Art. 4. — Tous les autres étrangers, tous les résidants de quelques terres étrangères qu'ils soient et qui se sont déclarés de mon parti, continueront à résider dans mes états sans être inquiétés ni recherchés.

Raiatea-Utumaoro, le 22 octobre 1846.

*Signé :* **POMARÉ**.

Reine de Taïti-Morea, etc., etc.

Le Secrétaire de la Reine,

*Signé : Sir* Robert Peel.

Tels étaient les résultats que j'obtenais de la reine sans aucun effort, sans même les rechercher, et cela dans le moment le plus désespérant pour M. Bruat, car il avait épuisé près d'elle tous les moyens de violence d'abord et toute la persuasion anglaise ensuite.

Ces succès prouvent, de la manière la plus incontestable, ainsi que je l'ai avancé, que j'aurais pu faire soumettre Pomaré, dans tous les temps, aux conditions que je lui aurais dictées.

Les incrédules et les malveillants pourraient encore attribuer ce résultat à un succès instantané, et dû peut-être à des moyens d'obséder Pomaré, sorte de gêne à laquelle les Indiens cèdent quelquefois. Mais, après mon départ, elle ne cessa de m'écrire et de me confirmer ses intentions. Voici la traduction de quelques-unes de ses lettres.

Uturoa, le 30 octobre 1846.

« Lucas, salut à toi.

« Fais tous tes efforts pour le succès de la mission que tu as acceptée,
« je prie Dieu qu'il te vienne en aide.

« Je n'ai point consenti à ce que le commandant de la frégate anglaise
« désirait, parce que telle n'est point mon intention (1).

« Ceci est une autre parole à toi. Ne te formalise pas du changement
« que je te prie de faire dans le traité ; au lieu de : Tous les mission-
« naires anglais et tous les français pourront résider dans mon royaume,

(1) Le commandant de la frégate anglaise *Grampus*

« il faut : Les missionnaires anglais, dont nous avons depuis longtemps
« reçu la parole, continueront à résider dans mon royaume ; si les mis-
« sionnaires français désirent également y résider, ils en seront libres,
« ceux de mon peuple qui voudront les écouter en auront la liberté.
« Ainsi Lucas, c'est de cette manière qu'il faudra rédiger cet article et ce
« sera bien.

« Voici ce que je désire encore changer, au lieu de : Si je n'y suis
« plus cela reviendra à mes enfants, il faut : cela reviendra à moi-même,
« à mes enfants et à leurs descendants. C'est ainsi, Lucas, qu'il faudra
« rédiger cet article.

« Lucas, écris au grand roi des Français, prie le de rappeler ce gou-
« verneur qui fait tant de mal, et qu'il m'envoie un gouverneur pacifi-
« que qui n'aille point faire la guerre.

« Fais bien connaître mes désirs au roi des Français, il me fera rendre
« mon pavillon et fera que je retourne sur ma terre, dans mon royaume :
« voici ce que j'avais à te dire.

« Que Dieu soit près de toi et qu'il t'assiste dans ton entreprise.

« Signé : POMARÉ,

« *Reine de Taïti, Morea, etc., etc.*

« Le Secrétaire,

« *Signé:* Sir Robert Peel. »

L'opinion générale alors, était que l'on n'obtiendrait jamais plus d'é-
crits ni de signatures officiels de la reine ni même du peuple; on voit
qu'elle n'était pas si réservée avec moi.

Dans ces entrefaites, le bruit de nouvelles expéditions circulant à
Papeete, rendait mon embarras bien grand et ma position aussi délicate
que difficile. En effet, le gouverneur se proposait d'exposer encore les
troupes plus que jamais; me trouvant dépositaire d'un secret qui assurait
la paix sans la soumettre aux chances incertaines de la guerre, ma cons-
cience me reprochait d'assister silencieusement à des maux dont j'avais
le remède dans les mains. Je me décidai donc à écrire à la reine pour
lui demander l'autorisation de faire connaître au gouverneur qu'elle désirait se soumettre sans de nouveaux combats.

Voici sa réponse :

« TAHA (*Ile de Raiatea*), *le 5 Décembre 1846*.

« Lucas, salut à toi et à ta famille.

« J'ai en main la lettre que tu m'as écrite ainsi que celle que tu penses
« écrire au gouverneur français.

« Voici ce que j'ai à te dire, ne te presses pas tant de faire connaître
« sitôt, au gouverneur, ce que je désire ni la loi sous laquelle je dois me
« rendre à Taïti.

« Quand le gouverneur nouveau sera rendu, alors tu feras connaître
« mes intentions à celui qui doit venir.

« Je suis très heureuse de la nouvelle que tu m'apprends concernant le
« nouveau gouverneur, et que M. Lavaud sera ici dans un mois. Tu
« m'annonces aussi que votre roi a exaucé vos vœux ( en nommant
« M. Lavaud ); mon cœur est bien heureux de cette nouvelle.

« Voici ce que j'ai à te dire, Lucas, fais bien connaître mon désir au
« gouverneur nouveau, M. Lavaud, et s'il adhère à ma demande, com-
« munique lui le traité sous lequel je désire rentrer à Taïti s'il l'accepte.

« Fais connaître aussi ma demande au grand roi des Français, Louis-
« Philippe, afin qu'il lui plaise de m'accorder tout ce que je désire, et
« qu'il fasse cesser tous les grands malheurs actuels.

« Que Dieu soit près de toi,

« SIGNÉ : POMARÉ,

« *Reine de Taïti, Morea, etc., etc.* »

M. Bruat s'est plaint, et entre autres personnes au commandant
Lavaud, *que j'avais empêché la reine Pomaré de se soumettre à lui.* Cette
lettre prouve tout le contraire.

Ne peut-on pas déduire de tous ces faits que le gouvernement peut
choisir le mode qui lui conviendra le mieux pour coloniser les îles de la
Société; 1° avec une seule autorité civile, diplomatique, faisant marcher
l'administration et la justice d'accord avec la reine, et au moyen des
indigènes et des résidants, sans aucun frais pour la France, au contraire,
se créant des revenus qui croîtraient graduellement en raison de l'aug-
mentation de la population blanche ;

2° Même genre d'autorité, mais avec cent gendarmes français, quatre petits paquebots de l'État pour les communications entre les côtes de l'Amérique du sud et les îles; un petit bateau à vapeur pour faire de la politique dans l'Archipel et rallier les populations à la cause française ; et enfin un tribunal civil jugeant en appel.

Les gendarmes ont été parfaitement accueillis par la population indigène; cette troupe, il faut le dire, se trouve commandée par un officier (M. Dugat), du plus haut mérite et qui remplissant les fonctions de directeur des affaires européennes et de procureur du roi, s'est fait remarquer et aimer de la population entière.

C'est d'ailleurs la seule troupe qu'il convient pour maintenir l'ordre ; ce sont ses attributions, sa spécialité, et la reine tient essentiellement à ce que sa police n'ait aucun démêlé avec les blancs.

Enfin, si au lieu de cela on persistait à administrer ce pays militairement, il faudrait cinq cents hommes de troupe, la frégate du gouverneur en station et les quatre ou cinq petits bâtiments que j'ai indiqués plus haut.

Dans tous les cas, il paraît urgent de songer à couvrir ces îles-là de Français; c'est avec le peuple qu'il faut fonder des colonies, ce sont des colonies industrielles, agricoles et commerciales qu'il faut créer.

Celles-là seules répondent à tous les temps comme à tous les intérêts.

En temps de paix, elles offrent des débouchés pour les produits de la métropole; en temps de guerre, elles se livreraient aux armements de corsaires pour faire languir le grand commerce anglais de la Nouvelle-Hollande et de la Nouvelle-Zélande.

Mais c'est le peuple indigène qu'il faut gagner à la France, *c'est la première chose à faire;* sans le peuple indien, les Français seront obligés d'abandonner les îles au premier coup de canon tiré sur l'Océan; avec le peuple, aucune puissance au monde ne délogera 300 Français de l'île de Taïti. Il leur suffira d'occuper contre l'ennemi les positions qu'occupaient les insurgés contre nous.

En y appelant des industriels, des agriculteurs, des commerçants, sous peu d'années ils seraient plus nombreux que les Indiens et les tiendraient en respect ; mais le conflit n'est pas à craindre, jamais les résidants français n'auront à craindre une rupture avec les indigènes.

Pendant les guerres de M. Bruat, les particuliers français circulaient dans tous les quartiers de l'île, et entre chaque expéditions, lorsque les militaires allaient couper et charroyer des bois ou de l'herbe, les insurgés venaient se mêler à leurs travaux, traînant les charrettes au son de la *Marseillaise*.

Il ne faut pas confondre les îles de la Société avec les Marquises, ces dernières ne sont que des rochers pelés, tandis que Taïti et ses dépendances sont d'une fertilité admirable. On peut y faire surtout de belles plantations de coton et de café.

Je crois en avoir assez dit pour prouver que les Taïtiens, et surtout leur reine, que l'on a fait *si anglaise, si mauvaise tête! et si opposée à la domination française!* sont au contraire des agneaux qu'un seul pasteur peut conduire comme les enfants les plus dociles.

Pour donner à mes opinions le degré de confiance qu'il est bien d'y apporter, dans l'intérêt de la chose même, je crois devoir relever et détruire par des faits, les griefs injustes et faux, que M. l'amiral Dupetit-Thouars croit avoir à me reprocher : comme j'ai anéanti ce que l'amiral Bruat avait également avancé sur mon compte.

L'amiral Dupetit-Thouars s'est plaint souvent (et les officiers de sa frégate et de sa division le croient encore, parce que je n'ai jamais pris la peine d'y répondre ), que je m'étais mis en travers de ses projets sur Taïti.

Voici ce qui s'est passé : quand il se présenta à Papeete, venant des Marquises en 1842, il me fit part de ses vues et me dit que le consul lui promettait de lui faire obtenir l'île de bon gré : il me pria de faire ajourner l'enquête que les résidants français, demandaient sur la conduite de cet agent.

Je le lui promis, et je réussis en effet, à faire *provisoirement*, abandonner l'enquête mais en le prévenant que le consul le trompait. C'est ce qui lui arriva, puis qu'après dix jours de caresses auprès des chefs, il fut forcé de recourir aux griefs et de déclarer les hostilités pour leur faire signer son traité de protectorat.

Je fis plus, sur sa prière je mis M. Salmon, alors conseiller unique de Pomaré, dans ses intérêts, et c'est moi qui engageai ce dernier à faire signer ce traité par la reine. Le consul ne le voulait pas et l'amiral s'en souciait peu. Si c'est là ce qu'il appelle avoir été hostile à ses résolutions, je confesse qu'il a raison, mais il ne le pensait pas alors, puis qu'il m'offrit la place de capitaine du port, membre du gouvernement provisoire qu'il formait, et que je refusai.

Cependant, lorsqu'il éleva le consul, persécuteur des Français, aux hautes et puissantes fonctions de commissaire du roi, je m'en plaignis comme tant d'autres et c'est ce qu'il a trouvé mauvais. En réponse à mes plaintes contre cet agent, il m'adressa une lettre assez longue, dans laquelle il me reproche d'avoir refusé la place de capitaine du port et de la lui avoir fait demander plus tard par mes compatriotes : cela est loin d'être exact; on peut s'en convaincre par les extraits des lettres qui suivent :

*Les résidants français à Taïti à M. l'amiral Dupetit-Thouars.*

PAPEETE, *le 16 décembre (style de Taïti).*

Monsieur l'Amiral,

........ Votre sollicitude avait été au devant de nos vœux, vous
« avez voulu nommer M. Lucas à l'un des postes les plus honorables.
« Si ce compatriote a décliné toute participation à l'administration
« qui se forme, peut être voyait-il l'impossibilité de se rendre utile.
« Aujourd'hui, votre proclamation nous a rassssurés, et nos démarches
« auprès de M. Lucas ne sont pas restées infructueuses; il a compris
« que l'emploi que vous lui proposiez n'était pas incompatible avec sa
« manière de voir; nous désirons donc qu'il vous plaise de confier à
« M. Lucas la charge de capitaine de port, à laquelle est adjointe celle
« de conseiller du gouvernement; sa capacité reconnue de marin, ses
« lumières, son esprit conciliateur et son entente des affaires sont de
« sûrs garants de l'intégrité et du zèle qu'il apportera à ces doubles
« fonctions.

Suivent les signatures des résidants.

*L'Amiral Dupetit-Thouars aux résidants Français de Papeete, île de Taïti.*

Rade de Papeete, *frégate* la Reine Blanche, *le 16 novembre 1842 (style véritable).*

(*Station navale de France dans l'Océan-Pacifique*).

« Messieurs.

« . . . . . . . J'avais prévu vos désirs en offrant à M. Lucas d'occu-
« per provisoirement la place de capitaine de port; son refus à cet
« égard m'a placé dans la nécessité d'y pourvoir autrement, et déjà le
« poste était rempli lorsque votre lettre m'est parvenue.

Agréez, etc., etc.,

*Le Contre-Amiral, etc., etc.,*

Signé : DUPETIT-THOUARS.

L'amiral Dupetit-Thouars m'attribue encore une faute très grave au sujet d'une lettre que je lui adressai le 4 septembre contre le consul.

Mais si j'avais à ses yeux des torts si graves le 4 septembre, pourquoi m'offrait-il, le 12, une place que je ne lui demandai pas et que je refusai? Il tenait donc à me récompenser de mes fautes?

Ce qui précède prouve qu'il n'avait alors rien à me reprocher; quant à ma conduite, sous son gouvernement provisoire, je puis également prouver qu'elle a été sans reproche, et le témoignage que je vais produire doit avoir du poids auprès des officiers de la marine militaire.

*Copie des lettres de M. le commandant Mallet à M. Lucas, résidant français de Taïti.*

Embuscade Rade de Papeete, *le 10 Décembre 1843.*

Monsieur,

« En vous renvoyant la lettre du capitaine *Lavaud*, que vous avez bien
« voulu me communiquer, je crois devoir vous assurer que je partage
« en toutes choses sa manière de voir sur votre compte.

« Pendant les six mois que je viens de passer sur cette rade, j'ai été
« à même, plus que personne, de bien apprécier quels étaient vos sen-
« timents pour votre pays, sentiments qui vous ont fait me tenir au

« courant de tout ce qui pouvait compromettre les intérêts de la France
« à *Taïti*, au risque même de compromettre les vôtres ; aussi suis-je
« heureux de cette circonstance qui me permet de vous en témoigner
« mes remerciements.

« Agréez, Monsieur, les nouvelles assurances de mes sentiments
« distingués,

« *Le Capitaine de l'Embuscade*,

« Signé : S. MALLET. »

Les suffrages du commandant Mallet et du commandant d'Aubigny
me dédommagent amplement du refus de ceux de MM. Dupetit-
Thouars et Bruat ; aucun de ces deux messieurs n'eût fait un commissaire du roi des Français de l'ex-consul de Taïti.

M. Bruat était très avare de remerciements pour les petits services
qu'on lui rendait, et je suis obligé de recourir encore aux lettres des
commandants Mallet et d'Aubigny, pour attester qu'il se servait quelquefois de mon individu, tout en se plaignant que j'ai cherché à lui
nuire.

*Lettre du commandant particulier à M. Lucas.*

PAPEETE, 11 *Juillet* 1844.

« MONSIEUR,

« Veuillez, je vous prie, vous rendre pour 10 heures près de M. le
« gouverneur, qui a besoin de vos services obligeants.

« Recevez, Monsieur, etc.,

« *Le Commandant particulier des Iles de la Société*,

« Signé : D'AUBIGNY. »

(Il s'agissait d'engager la reine à se rendre sous le protectorat).

*Extrait d'une lettre du commandant Mallet à M. Lucas.*

EMBUSCADE, 18 *Juin* 1844.

MONSIEUR,

« . . . . . . . . . . . . . . . . . . . . Je n'ai point été surpris que le gouverneur
« vous ait employé près de la reine et des chefs ; si dans le principe il
« avait pu le faire et vous entendre, peut-être se serait-il évité bien des
« embarras, mais vous avez un ennemi (1) qui vous avait présenté sous

4

« des couleurs peu françaises. J'ai combattu vivement ce qu'il avançait,
« et votre caractère a fini par être mieux apprécié par ceux qui, comme
« moi, n'avaient pas eu le temps de vous juger ; du reste, ce n'est peut-
« être pas un mal que cette confiance ne soit arrivée que petit à petit ;
« elle en aura plus de durée, et lorsque je quitterai cette île, il me sera
« agréable de penser que j'aurai contribué pour quelque chose à démas-
« quer un être méprisable (toujours l'ex-consul), et à faire apprécier un
« honnête homme et un bon Français.

« Malmanche (le chef d'état-major de M. Bruat), me parle de vous
« dans des termes qui ne me surprennent pas ; c'est un loyal garçon,
« et je suis bien aise qu'il vous ait vu à l'œuvre. »

Signé : MALLET.

Il est de ces hommes d'une droiture de cœur et de caractère telle,
qu'ils sacrifient tout pour le triomphe de la justice et de la vérité.
L'intérêt que cet honorable officier supérieur me portait si ostensi-
blement, et son mépris connu pour mon adversaire, a failli gravement
compromettre sa carrière.

C'est une grande satisfaction pour moi de rencontrer ici l'occasion
de lui rendre ce témoignage de ma sincère et éternelle reconnais-
sance.

Le journal *le National*, du 14 juin, annonce que la superfluité de
nos établissements des Iles de la Société, est soumise au conseil d'ami-
rauté.

Cet abandon doit se faire avec précaution et en conservant à la
France sa prépondérance et sa domination.

On peut même tirer un très bon parti de l'enlèvement des troupes
de Taïti ; cela dépendra de la manière de faire envisager cette retraite
aux naturels.

(1) L'ex-consul, M. Moerenhout, en faveur duquel je fis désister les Français d'une
enquête qu'ils demandaient contre lui à l'amiral Dupetit-Thouars.

FIN.

*Cette Brochure n'est que l'extrait d'un manuscrit plus étendu, intitulé : Enquête sur
les Affaires de l'Océanie.*

Typ. Bénard et Cie, pass. du Caire, 2.

www.ingramcontent.com/pod-product-compliance
Lightning Source LLC
Chambersburg PA
CBHW051156050726
47594CB00007B/2922